MEINE Kreative PAPIERWERKSTATT

ZAUBERHAFTES KIRIGAMI

PATRICIA MOFFETT

20 VORLAGEN ZUM SCHNEIDEN UND FALTEN

h.f.ullmann

GRUNDTECHNIKEN

ARBEITSMATERIAL

Bastelskalpell
Schneideunterlage
Lineal
Zahnstocher
Doppelseitiges Klebeband
Transparentes Klebeband

Ihr Kirigami-Buch beinhaltet einen Abschnitt mit schwarz-weißen und einen mit farbigen Modellen. Jeder Abschnitt beginnt mit dem leichtesten Modell und wird allmählich schwieriger. Auf diese Weise können Sie Ihre Kirigami-Fähigkeiten von Modell zu Modell verbessern. Vor Beginn lesen Sie bitte die nachfolgenden Hinweise, die sich auf sämtliche Modelle beziehen.

LINIEN: DURCHGEZOGEN, GESTRICHELT ODER GEPUNKTET

Durchgezogene Linien werden geschnitten.
Die geraden Schnittlinien schneiden Sie am besten, indem Sie das Lineal anlegen und mit dem Bastelskalpell daran entlangziehen.
Gestrichelte und gepunktete Linien werden eingerillt und gefaltet. Zum Einrillen der Falzlinien legen Sie das Lineal an und ziehen die Rückseite des Bastelskalpells mit leichtem Druck entlang.

BERGFALTEN UND TALFALTEN

Für die Konstruktion Ihrer 3-D-Modelle werden Sie zwei einfache Arten des Papierfaltens anwenden:

Bergfalte
Das Papier wird entlang einer gestrichelten Linie zu einem „Berg" gefaltet.

Talfalte
Das Papier wird entlang der gepunkteten Linie zu einem „Tal" gefaltet.

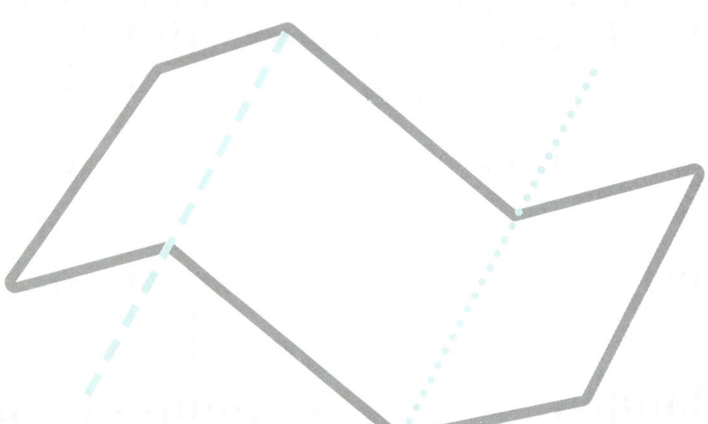

BEFESTIGEN DES BOGENS AUF DER SCHNEIDEUNTERLAGE

Damit der Bastelbogen nicht verrutscht, befestigen Sie ihn auf Ihrer Schneideunterlage. Die Schnittseite des Bogens soll nach oben zeigen – sie ist immer die Rückseite Ihres fertigen Modells. Fixieren Sie nun den Bogen an allen vier Seiten mit einem Stück transparentem Klebeband auf der Unterlage. Wenn Sie den Klebestreifen nur auf der Unterlage und nicht auf dem Bogen festdrücken, lässt er sich später leichter entfernen.

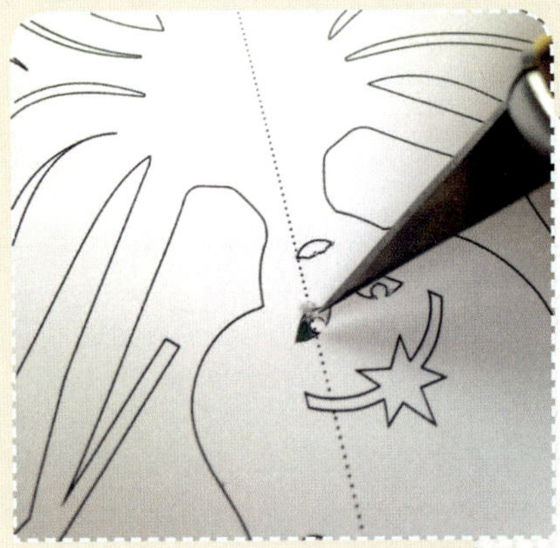

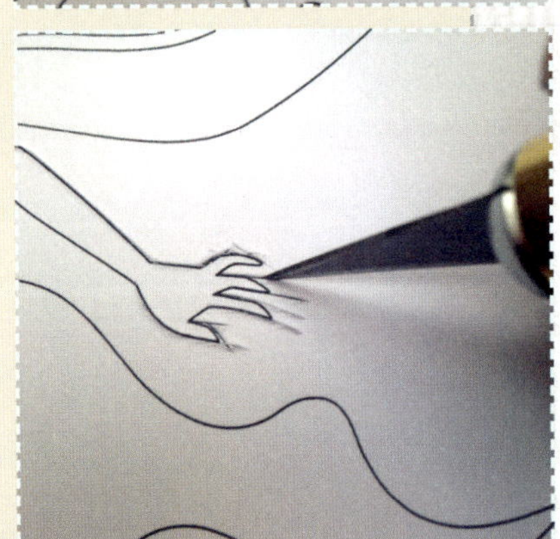

KLEINE DETAILS AUSSCHNEIDEN

Bei sehr kleinen Elementen setzen Sie mit der Skalpellspitze winzige Schnitte um die Kanten herum. Manchmal sind mehrere Runden mit immer tieferen Schnitten nötig, bis sich die kleinen Teile herauslösen.

Verlaufen mehrere Linien in die gleiche Richtung, schneiden Sie diese am besten im selben Arbeitsgang aus. Drehen Sie sich dafür die Schneideunterlage so zurecht, dass Sie bequem schneiden können.

Sollen größere Flächen aus dem Bogen herausgeschnitten werden, unterteilen Sie die Fläche und schneiden Sie diese abschnittsweise aus.

EINRILLEN DER FALZLINIEN

Die Rillen der gestrichelten Falzlinien (Bergfalten) werden auf der Schnittseite, d. h. der Rückseite des Bastelbogens gezogen und die Rillen der gepunkteten Falzlinien (Talfalten) werden auf der Vorderseite des Bogens gezogen. Hier sind jedoch keine Hilfslinien eingezeichnet. Markieren Sie daher mit Ihrem Bastelskalpell Anfang und Ende dieser Linien mit einer leichten Kerbe und wenden Sie dann den Bastelbogen.

Verlaufen über den Bastelbogen mehrere Falzlinien auf einer Linie, ziehen Sie am besten alle Linien in einem Arbeitsschritt, ohne das Lineal zu verschieben. So wird das fertige Modell sehr stabil sein.

Die Tiefe der Rillen ist entscheidend. Die Abbildung zeigt, dass die linke Rille zu tief gezogen wurde und das Papier bricht. Die mittlere Rille ist nicht tief genug, die Falte ist uneben. Korrekt ist die Rille rechts: Sie ist scharf, ohne das Papier zu beschädigen. Es kommt also auf den optimalen Druck beim Einrillen an!

UNTERLAGEN FÜR IHRE 3-D-MODELLE

Stellen Sie Ihre Schwarz-Weiß-Modelle auf hübsche Unterlagen. Sie können dazu einen der farbigen Bögen aus diesem Buch verwenden oder z. B. mit Metall- oder Strukturpapier experimentieren. Trennen Sie die Unterlagen aus dem Buch heraus und schneiden Sie diese zurecht, je nachdem, ob sie als Boden oder Hintergrund dienen sollen. Mit spezieller Beleuchtung aus verschiedenen Richtungen können Sie interessante Schatten und Dimensionen schaffen.

ZAHNSTOCHER-METHODE

Manche Elemente sind so klein, dass man sie mit dem Finger nicht greifen kann. In diesem Fall schieben Sie einen Zahnstocher unter den Knick und beginnen dann zu falten.

STUFEN FALTEN

Betrachten Sie mehrere Stufen als Einheit und knicken Sie zunächst sämtliche Falzlinien vor, bis sich die Treppe komplett flach falten lässt.

ALLGEMEINE FALT-TIPPS

Knicken Sie die Falzlinien zunächst vorsichtig an. Wenden Sie mehrfach Ihr Modell und bearbeiten Sie es von beiden Seiten, bis Sie die Falzlinien sauber und scharf falten können. Nutzen Sie jede Öffnung, um mit Ihren Fingern näher an die Falzlinien zu gelangen. Erst wenn sich das Modell flach zusammenfalten lässt, ist es fertiggestellt.

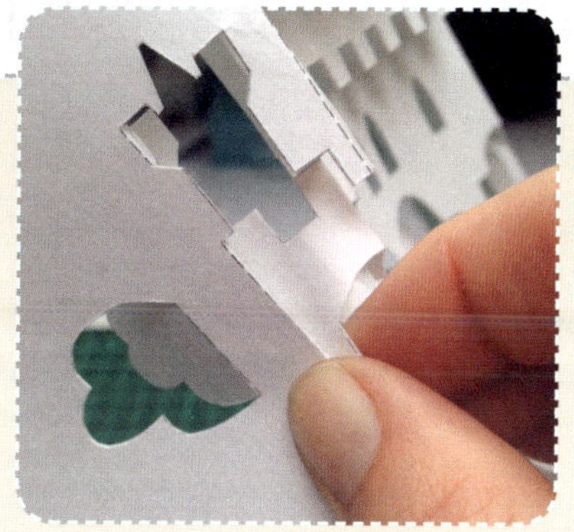

FEENTANZ

S. 27

1. Bastelbogen auf der Schneideunterlage fixieren.
2. Haarkrone und Umrisse der Finger ausschneiden (siehe Grundtechniken: Kleine Details ausschneiden).
3. Umrisse der Pflanzen und die übrigen durchgezogenen Linien ausschneiden.
4. Alle Berg- und Talfalten einrillen (siehe Grundtechniken).
5. Alle Falzlinien knicken und falten, sodass die Fee gut zur Geltung kommt.

LIEBESBRIEF

S. 25

1. Bastelbogen auf der Schneideunterlage fixieren.
2. Zunächst die kleineren und dann die größeren Elemente ausschneiden. Mit dem Bastelskalpell Schwanaugen und Herzen in den Flügeln herausschneiden.
3. Kronen und Flügelfedern entlang der durchgezogenen Linien ausschneiden. Nun die größeren Kurven von Körpern und Herzen in der Mitte ausschneiden.
4. Die Laschen an den durchgezogenen Linien ausschneiden. Für scharfe Kanten das Lineal verwenden.
5. Alle Berg- und Talfalten einrillen (siehe Grundtechniken).
6. Mit ‚A' gekennzeichnete waagrechte Linien an allen vier Stellen auffalten. Zum Schluss alle Berg- und Talfalten knicken und falten (für die Laschen der Herzen siehe Grundtechniken: Zahnstocher-Methode).
7. Rote Unterlage zuschneiden und hinter dem 3-D-Modell mit doppelseitigem Klebeband festkleben.

ÜBER DEN DÄCHERN

S. 29

1. Bastelbogen auf der Schneideunterlage fixieren.
2. Zuerst das Geländer auf dem Dach und dann die Umrisse der Katzen an den durchgezogenen Linien ausschneiden. Anschließend alle Fensterrahmen ausschneiden.
3. Sterne und Mond herausschneiden, danach alle übrigen durchgezogenen Linien. Für die geraden Schnitte das Lineal zu Hilfe nehmen.
4. Alle Berg- und Talfalten einrillen (siehe Grundtechniken).
5. Von der hinteren zur vorderen Ebene arbeiten und alle Falzlinien knicken und falten. Vorsicht: Entlang der Gaubenfenster keine Knicke setzen. Sie lassen sich am besten von der Rückseite des Bogens vordrücken.
6. Gelbe Unterlage aus dem Buch herauslösen und so hinter Ihrem 3-D-Modell befestigen, dass Mond, Sterne und bzw. oder die Fenster erleuchtet sind.

VERSTECK IM BROMBEERBUSCH

S. 31

1. Bastelbogen auf der Schneideunterlage fixieren.
2. Zunächst die kleinen Kreise in den Blütenköpfen und dann die übrigen Details des vorderen Abschnitts ausschneiden. Für die geraden Kanten der Laschen das Lineal verwenden.
3. Die Umrisse der vorderen Ebene ausschneiden. Blatt wenden und den hinteren Bogen ausschneiden.
4. Alle Berg- und Talfalten einrillen (siehe Grundtechniken).
5. Die zwei waagrechten Bergfalten (‚A') sowie die lange Talfalte (‚B') falten. Nun die Talfalte falten, welche die beiden Hälften verbindet.
6. Alle kleinen Elemente um die Blumenlaschen knicken und falten, dann die Blumen und Blätter der vorderen Ebene herausdrücken.
7. Den Knick in der Mitte so auffalten, dass sich das ausgeschnittene Modell vor der Illustration befindet. Das 3-D-Modell an den unteren Falzlinien aufrichten.

GEISTERSCHIFF

S. 33

1. Bastelbogen auf der Schneideunterlage fixieren.
2. Sämtliche kleinen Elemente an der Seite des Schiffes inklusive Heckfenster ausschneiden.
3. Die zerschlissenen Segel an den durchgezogenen Linien ausschneiden. Nun die übrigen durchgezogenen Linien ausschneiden. Für die geraden Schnitte das Lineal zu Hilfe nehmen.
4. Berg- und Talfalten einrillen (siehe Grundtechniken), dabei besonders behutsam mit den kleinen Elementen vorgehen. Für die längeren geraden Grundlinien das Lineal nutzen.
5. Die zentrale Falzlinie (‚A') knicken und falten.
6. Vorsichtig die unteren Enden der Masten knicken und falten (siehe Grundtechniken: Zahnstocher-Methode).
7. Alle übrigen Berg- und Talfalten knicken und falten.
8. Das 3-D-Modell in mehreren Runden knicken, bis es sich flach falten lässt. Hier braucht es etwas Geduld.
9. Das Modell auffalten. Dunkelblaue Unterlage aus dem Buch nehmen und mit doppelseitigem Klebeband hinter das 3-D-Modell kleben.

VERZAUBERTES SCHLOSS

S. 35

1. Bastelbogen auf der Schneideunterlage fixieren.
2. Die kleineren Elemente wie Fenster und Türen entlang der durchgezogenen Linien ausschneiden.
3. Treppe, untere Dächer und kleine Wolken ausschneiden. Oberen Turm und Festungsmauer ausschneiden. Zum Schluss die vorderen und seitlichen Wolken ausschneiden.
4. Berg- und Talfalten einrillen (siehe Grundtechniken). Vorsicht bei den kleineren Elementen. Für die längeren geraden Linien am Boden das Lineal verwenden.
5. Die zentrale Falzlinie (‚A') knicken und falten.
6. Alle übrigen Berg- und Talfalten, außer die Treppe, knicken und falten.
7. Vorsichtig die Treppe falten (siehe Grundtechniken: Stufen falten). Daumen auf beide Punkte (‚B') setzen und diese zu einer kompletten Treppe zusammendrücken.
8. Himmelblaue Unterlage herausnehmen, zuschneiden und auf der Rückseite des 3-D-Modells mit doppelseitigem Klebeband befestigen.

JAPANISCHER TEMPEL

S. 37

1. Bogen auf der Schneideunterlage fixieren.
2. Zunächst die kleinen und dann die größeren Elemente entlang der durchgezogenen Linien ausschneiden. Für die geraden Schnitte das Lineal nutzen. Bei diesem Modell gibt es viel auszuschneiden – planen Sie mindestens eine Stunde Zeit ein.
3. Alle Berg- und Talfalten einrillen (siehe Grundtechniken).
4. Sämtliche Falzlinien vorsichtig knicken. Achtung: Nur die Knicke leicht setzen, aber noch nicht das Modell falten.
5. Vorsichtig die Treppe und Brücke falten (siehe Grundtechniken: Stufen falten).
6. Das Modell in mehreren Runden knicken und die Falzlinien bei jeder Runde fester falten. Dies nimmt einige Zeit in Anspruch. Rechnen Sie mit etwa einer Stunde, bis das Modell fertig gefaltet ist.
7. Dunkelrote Unterlage zuschneiden und auf der Rückseite des 3-D-Modells mit doppelseitigem Klebeband befestigen.

EINHORN IM WALD

S. 39

1. Bogen auf der Schneideunterlage fixieren.
2. Zunächst die kleineren und dann die größeren Elemente bearbeiten. Einhorn und Wald an den durchgezogenen Linien ausschneiden.
3. Laschen entlang der durchgezogenen Linien ausschneiden.
4. Alle Berg- und Talfalten einrillen (siehe Grundtechniken). Vorsicht, nicht zu tiefe Rillen ziehen, es beeinträchtigt die Stabilität dieses Modells.
5. Mit dem Einhorn beginnen und von hinten nach vorne alle Teile mit den Laschen auffalten.
6. Eine grüne Unterlage zuschneiden und unter das 3-D-Modell schieben.

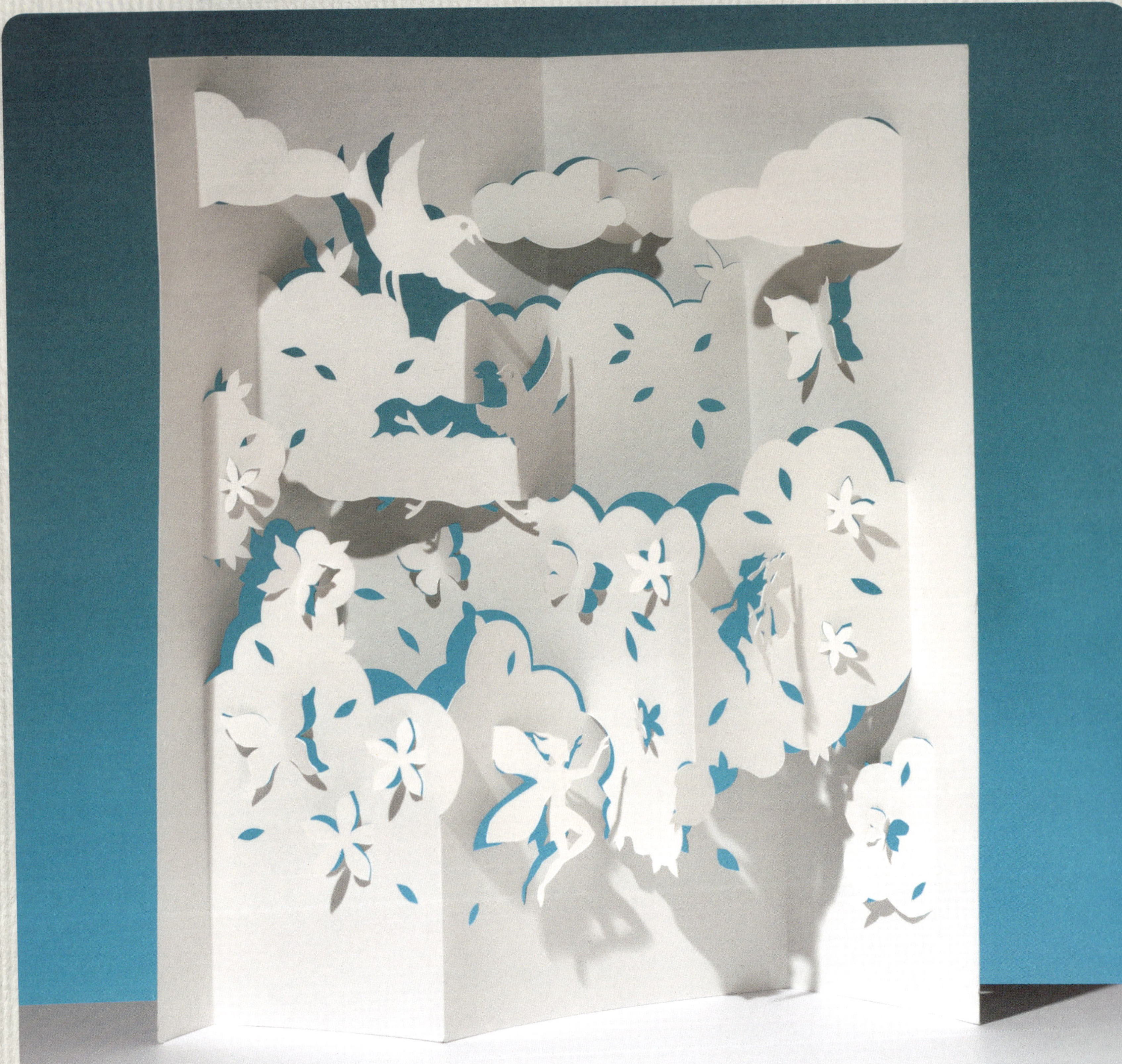

TIEF IM GARTEN

S. 41

1. Bastelbogen auf der Schneideunterlage fixieren.
2. Zuerst die Feen, dann die Vögel, Schmetterlinge, Blumen, Blätter und schließlich die Umrisse von Hecken und Wolken an den durchgezogenen Linien ausschneiden.
3. Alle Berg- und Talfalten einrillen (siehe Grundtechniken). Für längere gerade Linien das Lineal verwenden.
4. Alle Berg- und Talfalten knicken und falten. Feen, Blumen und Schmetterlinge auffalten.
5. Grünblaue Unterlage zuschneiden und so falten, dass sie auf die Rückseite des 3-D-Modells passt. Mit doppelseitigem Klebeband fixieren.

DORF DER HOBBITS

S. 43

1. Bastelbogen auf der Schneideunterlage fixieren.
2. Die kleineren Elemente von Türen, Fenstern und Wasserrad ausschneiden.
3. Die anderen gewölbten Teile entlang der durchgezogenen Linien ausschneiden.
4. Die übrigen geraden Linien der Treppe ausschneiden. Für eine gerade Kante das Lineal benutzen.
5. Alle Berg- und Talfalten einrillen (siehe Grundtechniken). Bei der Treppe sehr vorsichtig arbeiten. Für längere senkrechte Falzlinien das Lineal verwenden.
6. Alle Falzlinien der Berg- und Talfalten knicken und falten.
7. Vorsichtig die Treppe knicken und falten (siehe Grundtechniken: Stufen falten).
8. Hellgrüne Unterlage so zurechtschneiden und falten, dass sie gut passt, und mit doppelseitigem Klebeband hinter dem Modell fixieren.

SPUKHAUS

S. 45

1. Bastelbogen auf der Schneideunterlage fixieren.
2. Kleinere Elemente von Mauersteinen, Totenkopf, Kürbisaugen und Mauerrissen ausschneiden.
3. Weitere kleine Elemente wie Katze, Fenster, Fledermäuse, Tür, Sargdeckel und Kürbis an den durchgezogenen Linien ausschneiden.
4. Dach und Hauswände an den durchgezogenen Linien ausschneiden.
5. Laschen an den durchgezogenen Linien ausschneiden. Für gerade Kanten das Lineal verwenden.
6. Alle Berg- und Talfalten einrillen, dabei auf die vielen kleinen Elemente achten.
7. Die waagrechte Falzlinie ‚A' an beiden Stellen falten. Beim Falten von der Seite zum Inneren des Modells arbeiten. Alle Berg- und Talfalten knicken und zum Modell auffalten.
8. Orangefarbene Unterlage zuschneiden und mit doppelseitigem Klebeband hinter dem 3-D-Modell festkleben.

BAUMHAUS

S. 47

1. Bastelbogen auf der Schneideunterlage fixieren.
2. Zunächst die kleinen Elemente der Zweige in der Mitte des Modells und anschließend die Türen an den durchgezogenen Linien ausschneiden. Äste und Blätter auf beiden Seiten und dann die Wolken ausschneiden. Darauf achten, dass die Ecken der Zweige sauber ausgeschnitten sind, damit sie sich nicht verhaken. Bei diesem Modell gibt es viel auszuschneiden, daher sollten Sie mindestens eine Stunde Zeit einplanen.
3. Alle Berg- und Talfalten einrillen (siehe Grundtechniken).
4. Sämtliche Falzlinien leicht anknicken – nur die Knicke setzen, aber noch nicht das Modell falten.
5. Die Knicke entlang der kleinen Türen mithilfe der Zahnstocher-Methode bearbeiten (siehe Grundtechniken).
6. Das Modell in mehreren Runden falten, dabei die Falzlinien bei jeder Runde etwas fester knicken. Dies nimmt einige Zeit in Anspruch. Rechnen Sie mit etwa einer Stunde, bis das Modell stabil stehen bleibt.
7. Grüne oder braune Unterlage zuschneiden und mit doppelseitigem Klebeband hinter dem Modell festkleben.

CHINESISCHER DRACHE

S. 49

1. Bastelbogen auf der Schneideunterlage fixieren.
2. Zuerst die Schuppen und danach die kleinen Elemente an Kopf und Hals an den durchgezogenen Linien ausschneiden. Nun die Klauen ausschneiden und schließlich die durchgezogenen Linien des restlichen Körpers.
3. Alle Berg- und Talfalten einrillen (siehe Grundtechniken).
4. Alle Berg- und Talfalten knicken und falten. Zum Schluss die Schuppen nach außen falten.

PHÖNIX

S. 51

1. Bastelbogen auf der Schneideunterlage fixieren.
2. Zunächst die kleinen Augen und Federchen ausschneiden (siehe Grundtechniken: Kleine Details ausschneiden), danach die flammenden Schwanzfedern. Nun die restlichen Elemente von Körper und Flammen an den durchgezogenen Linien ausschneiden.
3. Alle Berg- und Talfalten einrillen (siehe Grundtechniken).
4. Die Berg- und Talfalten knicken und falten. Zum Schluss die Flammen und Federn nach außen falten.

HASEN IM MONDSCHEIN

S. 53

1. Bastelbogen auf der Schneideunterlage fixieren.
2. Zuerst den Falter und danach die Grashalme und Mondringe an den durchgezogenen Linien ausschneiden.
3. Hasen an den durchgezogenen Linien ausschneiden. Für die geraden Linien der Laschen das Lineal verwenden.
4. Alle Berg- und Talfalten einrillen (siehe Grundtechniken).
5. Die waagrechte Falzlinie ‚A' knicken und falten.
6. Flügel der Falter herausdrücken und Grashalme im Vordergrund nach oben drücken. Laschen des mittleren Grasbereichs und der Hasen auffalten. Vorsicht, dass die Hasenbeine nicht umknicken.

PILZ-WÄLDCHEN

S. 55

1. Bastelbogen auf der Schneideunterlage fixieren.
2. Zuerst die kleineren Elemente wie Schmetterling, Gras, Bäume und Elfen an den durchgezogenen Linien ausschneiden und anschließend die übrigen Elemente. Für die geraden Linien der Laschen das Lineal verwenden.
3. Alle Berg- und Talfalten einrillen (siehe Grundtechniken), dabei mit der waagrechten Falzlinie ‚A' beginnen.
4. Die Berg- und Talfalten knicken und falten. Zum Schluss das Gras und Schmetterlingsflügel aufrichten.
5. Nach Belieben eine braune oder grüne Unterlage mit doppelseitigem Klebeband hinter dem 3-D-Modell anbringen.

MITSOMMER-NACHT

S. 57

1. Bastelbogen auf der Schneideunterlage fixieren.
2. Zuerst die Feen und dann die übrigen Elemente an den durchgezogenen Linien ausschneiden. Für gerade Linien das Lineal verwenden.
3. Alle Berg- und Talfalten einrillen (siehe Grundtechniken).
4. Die beiden waagrechten Bergfalten ‚A' falten. Anschließend die beiden Bergfalten falten, welche die zwei Hälften verbinden.
5. Alle übrigen Berg- und Talfalten knicken und falten.
6. Die Laschen von Figuren und Bäumen falten und Ihr 3-D-Modell auf der Unterlage fixieren.

SCHNEE-KÖNIGIN

S. 59

1. Bastelbogen auf der Schneideunterlage fixieren.
2. Schneeflocken und kleine Details am Schlitten ausschneiden. Das Auge des Rentiers und die Finger der Königin ausschneiden (siehe Grundtechniken: Kleine Details ausschneiden). Umrisse von Geweih, Rentier, Königin und Schlitten ausschneiden. Für die geraden Linien der Laschen das Lineal verwenden.
3. Alle Berg- und Talfalten einrillen (siehe Grundtechniken).
4. Waagrechte Falzlinie ‚A' knicken und falten, danach alle Berg- und Talfalten. Zum Schluss die Beine des Rentiers aufrichten.

UNTERWASSER-FANTASIE

S. 61

1. Bastelbogen auf der Schneideunterlage fixieren.
2. Zuerst die Luftblasen und dann die Augen und Haare der Meerjungfrau ausschneiden. Nun die Fische, Muscheln und schließlich die übrigen Elemente an den durchgezogenen Linien ausschneiden.
3. Alle Berg- und Talfalten einrillen (siehe Grundtechniken). Für die längeren geraden Falzlinien das Lineal verwenden.
4. Die Berg- und Talfalten knicken und falten. Zum Schluss Muscheln, Fische und Algen zum fertigen 3-D-Modell aufrichten.

VERWUNSCHENER GARTEN

S. 63

1. Bastelbogen auf der Schneideunterlage fixieren.
2. Tempelsäulen und Details an der Urne ausschneiden. Nun die übrigen Elemente an den durchgezogenen Linien ausschneiden. Für die geraden Linien das Lineal verwenden.
3. Alle Berg- und Talfalten einrillen (siehe Grundtechniken). Bei der Unterseite des Torbogens auf die Faltrichtung achten, da dieser auf der Unterlage fixiert wird.
4. Alle Berg- und Talfalten knicken und in mehreren Runden vorsichtig falten.
5. Mit dem Torbogen und den äußeren Pflanzen beginnen und von außen nach innen die Ebenen bearbeiten.
6. Mit der Zahnstocher-Methode (siehe Grundtechniken) das hintere Brunnenelement herausdrücken. Die Tür nach außen öffnen.
7. Terrasse in die richtige Form falten (siehe Grundtechniken: Stufen falten).
8. An die mit ‚A' gekennzeichneten Stellen doppelseitiges Klebeband anbringen und den Torbogen von unten auf der Unterlage festkleben.

LIEBESBRIEF

Anleitung auf Seite 4

FEENTANZ

Anleitung auf Seite 4

ÜBER DEN DÄCHERN

Anleitung auf Seite 5

VERSTECK IM BROMBEERBUSCH

Anleitung auf Seite 5

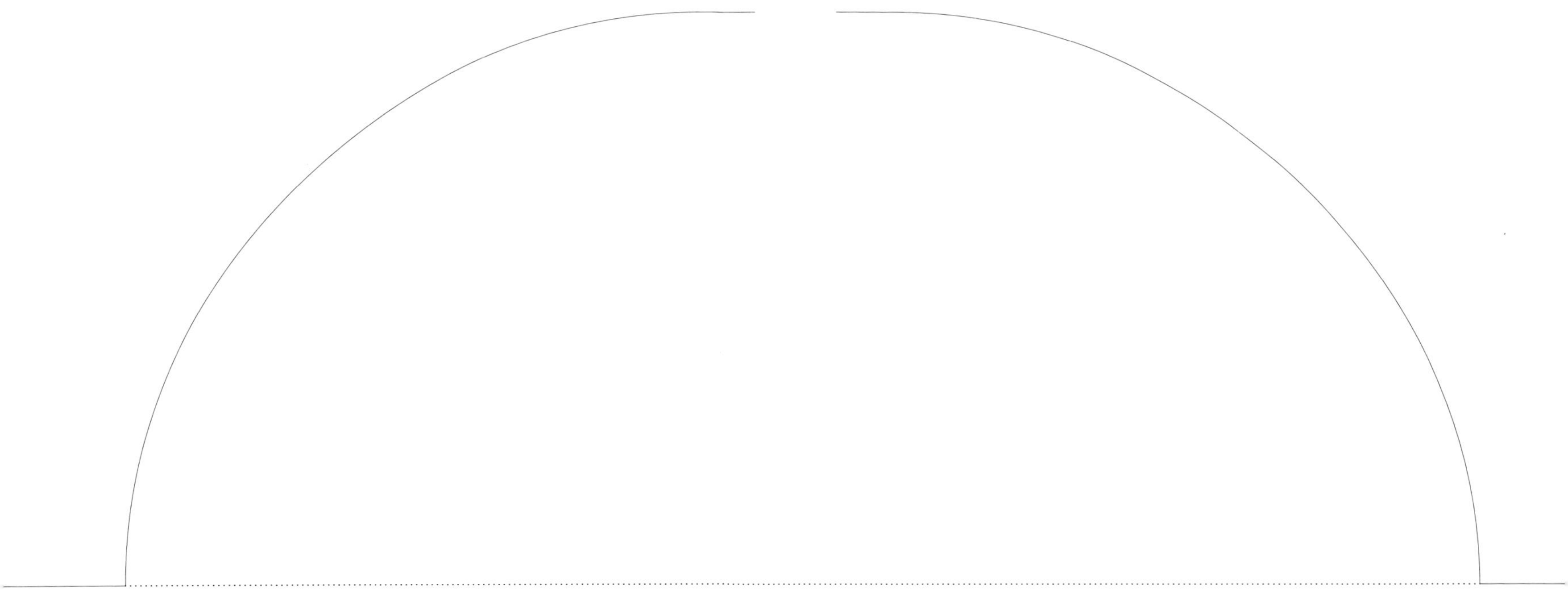

GEISTERSCHIFF

Anleitung auf Seite 6

VERZAUBERTES SCHLOSS

Anleitung auf Seite 6

JAPANISCHER TEMPEL

Anleitung auf Seite 7

EINHORN IM WALD

Anleitung auf Seite 7

TIEF IM GARTEN

Anleitung auf Seite 8

DORF DER HOBBITS

Anleitung auf Seite 9

SPUKHAUS

Anleitung auf Seite 9

BAUMHAUS

Anleitung auf Seite 10

CHINESISCHER DRACHE

Anleitung auf Seite 11

PHÖNIX

Anleitung auf Seite 11

HASEN IM MONDSCHEIN

Anleitung auf Seite 12

PILZWÄLDCHEN

Anleitung auf Seite 12

MITSOMMERNACHT

Anleitung auf Seite 13

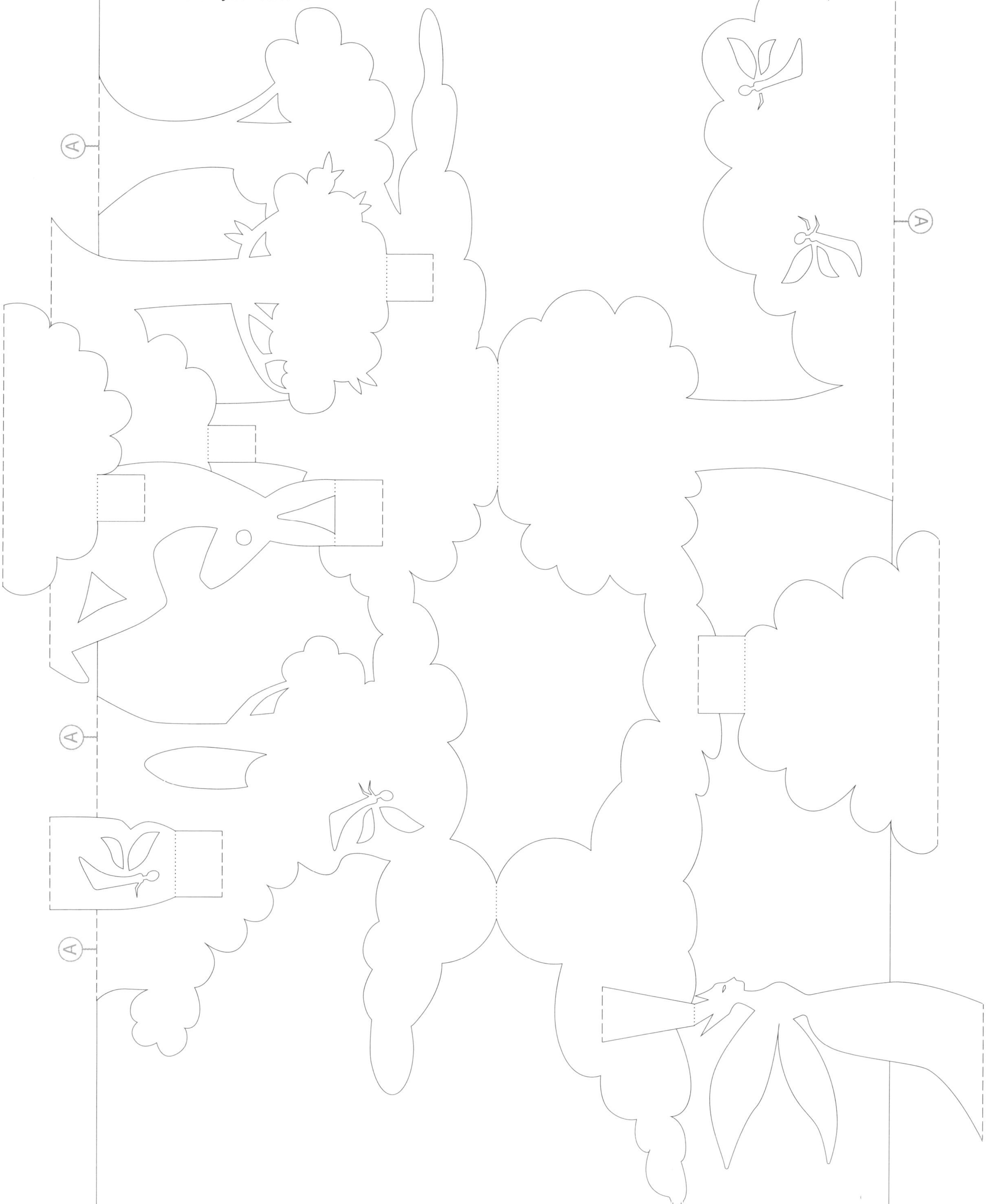

SCHNEEKÖNIGIN

Anleitung auf Seite 13

UNTERWASSER-FANTASIE

Anleitung auf Seite 14

VERWUNSCHENER GARTEN

Anleitung
auf Seite 14

A
A
A
A
A
A